진찰(診察)

시작시인선 0538 진찰(診察)

1판 1쇄 펴낸날 2025년 7월 7일
지은이 주영만
펴낸이 이재무
기획위원 김춘식, 유성호, 이형권, 임지연, 차성환, 홍용희
책임편집 이호석, 박현승
편집디자인 김지웅, 장수경
펴낸곳 (주)천년의시작
등록번호 제301-2012-033호
등록일자 2006년 1월 10일
주소 (03132) 서울시 종로구 삼일대로32길 36 운현신화타워 502호
전화 02-723-8668
팩스 02-723-8630
블로그 blog.naver.com/poemsijak
이메일 poemsijak@hanmail.net

ⓒ주영만, 2025, printed in Seoul, Korea

ISBN 978-89-6021-814-7 04810
      978-89-6021-069-1 04810(세트)

값 11,000원

*이 책 내용의 전부 또는 일부를 재사용하려면 반드시 저작권자와 (주)천년의시작 양측의 동의를 받아야 합니다.
*잘못된 책은 바꾸어 드립니다.
*지은이와 협의하에 인지는 생략합니다.

진찰(診察)

주영만

천년의 시작

시인의 말

   의사라는데, 시인이라는데, 그 한 가지라도 너무 버겁고 두려웠는데,

   그동안 발만 담가놓고 숨었던 것, 도망가서 숨으려고만 했었던 것은 아니었나?

차 례

시인의 말

제1부

진찰 1 ──── 13
진찰 2 ──── 15
진찰 3 ─ 청진기 ──── 16
진찰 4 ─ 해부학 실습 ──── 17
진찰 5 ─ 위내시경 ──── 18
진찰 6 ──── 20
진찰 7 ─ 맹인(盲人) ──── 21
진찰 8 ──── 22
진찰 9 ──── 24
진찰 10 ──── 26
진찰 11 ─ 문신(文身) ──── 27
진찰 12 ──── 28
진찰 13 ─ 이명(耳鳴, Tinnitus) ──── 29
진찰 14 ─ 난청(難聽) ──── 30
진찰 15 ─ 망각(忘却) ──── 32
진찰 16 ─ 섬망(譫妄, Delirium) ──── 34
진찰 17 ─ 상통(幻想痛, Phantom Pain) ──── 36
진찰 18 ──── 39
진찰 19 ─ 아파트의 애완견에게 사람들은 시끄럽다고
　　　　　성대 제거 수술을 시키기도 한다
　　　　　(컹컹, 나쁜 놈들) ──── 41

진찰 20 – 전신 마취 —— 42
진찰 21 – 수술 —— 43
진찰 22 – 응급실 —— 44
진찰 23 – 중환자실 —— 46

제2부

진찰 24 —— 49
진찰 25 —— 50
진찰 26 – 생명(生命) —— 51
진찰 27 —— 53
진찰 28 – 환자 J씨 —— 55
진찰 29 —— 56
진찰 30 – 대기실 풍경 —— 58
진찰 31 – 라포(Rapport) —— 60
진찰 32 – 항상성(恒常性, Homeostasis) —— 61
진찰 33 – 태아 초음파 —— 62
진찰 34 —— 63
진찰 35 —— 64
진찰 36 – 고도 근시 —— 65
진찰 37 —— 66
진찰 38 —— 67
진찰 39 – 거식증(拒食症, Anorexa Nervosa) —— 70
진찰 40 – 탈감작요법(脫感作療法, Desensitization Therapy) —— 72
진찰 41 – 프레콕스감(Praecox Feeling) —— 74

진찰 42 − 작화증(作話症, Confabulation) ──── 75
진찰 43 ──── 78
진찰 44 ──── 79
진찰 45 ──── 80
진찰 46 ──── 81
진찰 47 ──── 82
진찰 48 ──── 83

제3부

진찰 49 − 노인 1 ──── 87
진찰 50 − 노인 2 ──── 88
진찰 51 − 노인 3 ──── 89
진찰 52 ──── 90
진찰 53 ──── 91
진찰 54 − 요양원 1 ──── 92
진찰 55 − 요양원 2 ──── 94
진찰 56 − 치매(癡呆, Dementia) ──── 95
진찰 57 − 예쁜 치매(癡呆) ──── 97
진찰 58 ──── 98
진찰 59 ──── 99
진찰 60 − 기도(祈禱) ──── 100
진찰 61 − 혼자서 가네 ──── 101
진찰 62 ──── 102
진찰 63 ──── 103

진찰 64 −죽음에게 1 ——— 104
진찰 65 −죽음에게 2 ——— 105
진찰 66 ——— 106
진찰 67 −검시(檢屍, Postmortem Examination) ——— 107
진찰 68 −수의(壽衣) 입는 날 ——— 108

해 설

김부회 삶의 대상물에 대한 진찰診察을 찰기札記하며 ——— 109

제1부

진찰 1

한 사내와 또 한 사내가 마주 보며 가까이 앉아 있었다

오랜 전설 같은 것이었다

둘 사이에는 무슨 이야기를 주고받는 것 같았다

서로 깊이 들여보다가

열이나 안색, 혹은 혈압 같은 것들을 다시 가만가만 둘러보다가

한 사내는 다른 사내에게 다가가서 가볍지는 않지만 가벼운 것처럼 그 사내의 그늘진 하루를 어루만지고 쓰다듬고 또 눌러 보고 두드려 보더니, 그리하여 이젠 귀를 기울여 귀를 기울여 더 이상 오지 않을 것 같은 그 사내의 가슴속을, 마음속의 그 먼바다 파도 소리를 기웃거리더니

다시 무슨 이야기를 주고받는 것 같았다

그리고, 잠시 어둡고 낯선 표정으로 그 한 사내는 어떤 애

매한 그림을 빈 종이에 그리는가 싶더니

 끄적끄적,

 그림 속의 문장 하나가 불을 켜고 길을 나서는 것이었다

진찰 2

멀다

거리의 키 작은 나무들은 나직이 서로 말을 주고받고
고개를 떨군 바람은 잠시 머물다 가고

오감(五感)이여,

캄캄한 어둠 속으로
캄캄한 어둠 속으로

그 물꼬는 어디에 있는가?

한 생(生)이 통째로 들어오고 있었다

진찰 3
-청진기

당신은 눈을 감고 있었고
몇 마리 새들도 하늘 저편으로 날아갔고
빈 겨울 하늘,
그 하늘은 말이 없었고
흔들릴까 주저하는 저 나무들도 말이 없었고

가늘고 긴 실개천을 따라
살얼음 아래,
질긴
당신이 지나온 살 부비는 물 흐르는 소리
당신이 지나온 살 부비는 물 흐르는 소리

두근거리는 당신의 소리

잠들지 못하는 그 물소리는 왜 그리 눈물겨운지,

진찰 4
−해부학 실습

눈 덮인 계곡,
발아래 젖은 산길은
오르면 오를수록 더욱 단단해지는
결빙(結氷),
정수리에 박히는
한 걸음 또 한 걸음의 확인,

  미안합니다 이제는 어둠과 함께 눈은 진눈깨비로 변하고 더 이상의 길은 안 보이고 주머니 속의 소지품들이 하나씩 둘씩 그 길을 탈출한다 젖은 옷들을 벗어젖힐수록 다시 젖는 수족(手足), 또 한 걸음의 확인, 마침내 그 길 끝을 탈출하고 덩그렇게 놓인 최후의 심장, 미안합니다

진찰 5
−위내시경

식도를 지나 가까이,
위와 십이지장 안에서 다시 가까이 가까이,

재운 잠 깨나 한번 살펴보고

불 밝히고
우주선으로 별자리 찾아가듯

부드러운 굴곡과
밝은 굴곡과

그 길의 직유와 은유와
잊자는 말과 잊지 말자는 말과

마음속의 마음은?

  지구가 제 무게로 스스로 회전하는 것처럼
  혹은 곡마단의 그네처럼
  다시 위에서 세상을 한 바퀴 거꾸로 돌려 그 천장에 가까이,

비밀의 문과
한 줄기 섬광과

가까이 더 가까이

우주를 지나 새로운 우주,
그나저나 그 길은 죽음으로 가는 길이지?

진찰 6

금연,
약속을 어기고 담배를 물었다

약속을 어긴 그는 죽었다 훌훌히 강변을 거닐던 그는 죽었다 노을 사이로 지난가을이 흐르고 깊게 이 겨울을 신음하는 보들레르, 도처에 쌓이는 잔기침, 강물 위로 몇 개의 나무가 쓰러지고 그리고 바람이 분다 이 겨울을 감당하는 허허로운 웃음이다 동굴이 하나둘 문(門)을 열고 뭉글뭉글 피어오르는 하늘의 구름들, 오, 확실한 죽음

진찰 7
−맹인(盲人)

　동그란 진료실 의자를 한 손으로 더듬으며 하얀색 4단 지팡이를 접으면서 그 맹인(盲人)은 의자에 엉거주춤 엉덩이를 걸치고 앉았습니다 숱한 흉터 위에 덧씌워진 그가 내놓은 앞정강이의 상처는 대수로운 일이 아니라지만 나이가 들어갈수록 요즈음에는 그 상처가 제풀에 피딱지로 굳어버리면 괜히 온몸이 가려워지고 또 하나의 관념(觀念)이 일어난다고 했습니다 그럴 때에는 비가 오지 않아도 해가 저물어가면 점점 습해지기도 하고 진물처럼 가슴 깊은 곳에서 저절로 흘러나오는 소리가 있어 그 소리에 집중해서 가만히 귀를 쫑긋 세우고 앉아 있으면 슴슴하지만 어떤 때에는 눈물처럼 먹먹한 짠내가 스며 나와 그 냄새를 킁킁거리며 쫓아가는 버릇도 생겼다고 했습니다 어제는 한 줄기 바람이 먼 저쪽의 소식이라며 하루의 습기를 걷어가고 정수리 부분이 잠시 맑아지게도 하고 그것은 또 하나의 운율(韻律)이란 것을 깨달았다고 했지만, 그것은 어차피 바람에 덧없이 흩날리는 나뭇잎 같다라고도 했지만, 애써 그렇게 말하는 동안 입 근처에서는 마른버짐이 피었다가 스러지는 것 같더니 잊고 있었던 일이 생각난 것처럼 갑자기 진료실 의자에서 일어섬과 동시에 능숙하게 하얀색 4단 지팡이를 다시 이어 곧추세우고는 어둠의 저편으로 어둠의 길을 따라 총총거리며 되돌아갔습니다

진찰 8

한 소녀가 있었습니다
작고 여리지만 여물기도 한 소녀였습니다

줄을 긋고 있었습니다

처음으로 사랑을 잃었다고 했습니다

사랑도 점과 점을 잇는 줄 긋는 것이라면서
한쪽 점을 잃었으나
이미 시작된 그 줄 긋는 것을 멈출 수 없다고 했습니다

한쪽 점에서 시작된 그 줄이 지금은 지면에는 발을 내딛지도 못하고 공중에서 붕붕--, 정처 없이 갈피를 못 잡고 하염없이 떠다니는 것만 같다고 하면서 울었습니다

바람이 된 적도 있었다고 했습니다
흘러가는 구름이 된 적도 있었다고 했습니다
별똥별이 되어 어둠을 가른 적도 있었다고 했습니다

그 사랑을 잃고

어제는 괜히 깊고 먼 밤하늘을 올려다보며 그 줄을 그어
밤늦도록 북두칠성을 그렸었다고 했습니다

진찰 9

조약돌을 품고 있는 그분,

조약돌처럼 조그맣고 고요하고 수줍은 그분,

서울 마포에서 전라도 익산까지 멀리 이사를 가셨어도 7, 8년 동안을 거의 정기적으로 그 조약돌을 손에 꼭 쥐고 기어이 나에게, 기차 타고 서울까지 올라오시는 그분,

며칠을 끙끙 앓다가도 때가 되면 오시기 전날에는 그 조약돌에 밤새 불을 켜놓으신다는 그분,

나에게 오셔서는 그 조약돌에 스스로 모든 것을 마음껏 흠뻑 채우시고, 그래서 환하게 다시 돌아가시는 그분,

30년을 같이 늙어가도 여전히 조약돌 같은 그분,

그러던 어느 날,

아무 말도 못 꺼내고 간신히 꾸역꾸역 주머니에서 손 편지 한 장을 나에게 조심스럽게 내밀어 놓고 끝내 말없이 허

물어지듯 돌아서서 가시는 그 조약돌의 그분,

　-선생님, 저 이혼했어요

　그러고는 그 조약돌을 내게 남겨두고 여태까지 다시 안 오시는 그분,

진찰 10

 마비된 한쪽 팔다리로도 그 할머니는 세상을 들썩, 씩씩하게 진찰실 문을 밀치고 들어서는,

 오늘은 고뿔이 왔습니다 오늘도 지근덩 지근덩 땅을 밟는 오늘입니다만, 지근덩 지근덩 땅을 밟을 때마다 오늘도 오늘의 이유를 알 것 같습니다만, 그리고 지근덩 지근덩 반갑지도 않은데 자꾸 반갑다고 친구 삼자고 찾아온 그 고뿔의 이유도 알 것 같습니다만,

 사지 멀쩡한 놈이 빤히 쳐다보는 것이 너무 민망해 쭈뼛 일어나 거드는 척 다가가니 예쁘게 가자미눈을 흘기며 손사래 치신다

 —내냅둬유, 자자꾸 그러면 닌(인)이 배겨유.

진찰 11
-문신(文身)

 휠체어에 실려 진찰실로 들어오신 오늘 처음 오신 그 할아버지, 혈압을 재려고 소매를 걷어 올리니 깡마르고 빈약한 팔에 조악하게 새겨진 문신(文身), '一心',

 '一心'도 '一心'이었을 것이다

 민머리의 얼굴에 치아(齒牙)도 모두 빠져버린

 해맑고 예쁜 치매가 살짝 마른 살비듬처럼 날리는

 하회탈처럼 헐렁헐렁한

 푸르스름하게 희미해지고 옅게 바랜

 더 스러져 그 흔적마저도 없어지면

 다시 만나더라도 만나지 않은 것 같은, 돌고 돌아 본래처럼 폐사지(廢寺址)처럼 완성된 그 '一心',

진찰 12

 여든아홉 마른 풀처럼 희뿌연 할아버지가 잔뜩 굽은 허리로 지팡이 하나에 온몸이 얹힌 채 겨우겨우 진찰실에 들어오셨다

 성성하게 치아는 거의 빠지고 귀마저 아득히 어두운데 해소 때문에 아주 힘겹게 몰아쉬는 할아버지의 바스락 메말라버린 가슴에 청진기를 들이대며 숨이 많이 차느냐고 있는 힘을 다해 큰소리로 여쭤보니 대뜸 간절한 눈빛으로,

 ─난 요즘 자지가 안 서

진찰 13
−이명(耳鳴, Tinnitus)*

골목으로 들어서고 있었다 귀뚜라미가 울고 있었다 귀뚜라미가 울면서 따라오고 있었다 골목을 지나 내 방 안까지 따라오고 있었다 내가 누워 자는 나의 잠 속까지 따라오고 있었다 따라와 곤혹스럽고 물컹한 근심처럼 불길한 예감처럼 끈질기게 기어이 나를 붙잡아 두고야 마는,

귀뚜라미는 꿈속까지 쫓아와 울고 있었다

꿈속에서는 이제 귀뚜라미가 나의 주인인 것처럼 달라붙어 있었다 귀뚜라미가 내 꿈속의 나인지 내가 꿈속의 귀뚜라미인지? 귀뚜라미가 내 꿈속의 나인지 내가 꿈속의 귀뚜라미인지?

---

* 이명이란 외부에서의 소리 자극 없이 귓속 또는 머릿속에서 들리는 이상 음감(音感)을 말한다. 즉, 외부로부터의 청각적인 자극이 없는 상황에서 소리가 들린다고 느끼는 상태이다.

진찰 14
-난청(難聽)

　여든 넘으신 글도 모르시고 심한 노인성 난청으로 보청기도 소용없을 정도로 양쪽 귀가 완전히 깡깡 막혀버리신 그 할머니, 조그만 체구에 연세보다는 훨씬 정정하신데 걱정거리는 많으시고 눈은 참 밝으셔서 아직도 날다람쥐처럼 이 병원 저 병원 헤매고 돌아다니시다가 시도 때도 없이 순서도 없이 다른 환자분도 상관없이 용감하게 단기필마(單騎匹馬)로 머리카락을 휘날리며 직진(直進), 진찰실 문을 밀치고 쳐들어오셔서는 간절하게 이것저것 질문을 쏟아내신다

　"왜 이리 맥이 빠지나 몰러"
　"할머니, (밥 먹는 몸짓을 한다 그리고 두 손을 크게 벌린다)"

　"피가 말라버려서 이렇게 가렵다는데"
　"할머니, (양팔을 엇갈려 X자 표시를 한다)"

　"귀 안에 매미가 살어"
　"할머니, (???)"

　"왜 안 죽나 몰러"
　"할머니, 할머니, 할머니! (……)"

시원한 답을 못 얻으셨다고
화만 잔뜩 내고 가 버리신다

그리고 며칠 후에 또 오신다

진찰 15
−망각(妄却)

놓아버리지

강을 다 건너고 이제 타고 온 뗏목을 놓아버릴 때가 되었지

그대여,

지금까지의 세월도, 기쁨과 슬픔으로 넘어온 숱한 고개들과 기억(記憶)들도, 그리고 정성을 다해 직접 몸 밖으로 내놓은 그 사랑마저도 집착(執着)처럼 조그만 텃밭의 솎아내면 솎아낼수록 끊임없이 다시 돋아나는 한여름 잡풀 같은 것이지

결국 붙잡지 않고 모두 스스로 떠나게 하지

목이 마르지

메마르고 메말라서 먼지처럼 가벼워지지

점점 더 목이 마르지

안에서 바깥으로 들어가는 길이지

진찰 16
−섬망(譫妄, Delirium)[*]

너는 바깥에서 눈빛이 반짝거리지

사연이 많지

오래전부터 전해 내려오던 것들이 오늘의 것처럼 되살아나기도 하지

눈부신 햇살이 비집고 들어와도 아직 많이 부산하지

으쓱하면서 얼굴이 환해지기도 하지

새로운 전설이 되지

그리고, 흘러가는 바람이 되지

벌써 다 지나간 여름인 것 같았다가, 혹은 철이 없는 가을인 것 같았다가

아주 진지하게,

강 건너에 있는 것처럼 너는 두 손을 크게 휘저어 가며 나에게 손짓하기도 하지

나는 유리창 안에 갇힌 벌처럼 웅웅거리기만 하지

* 중추신경계 질환, 전신 질환, 전해질 불균형, 감염, 약물, 술 등의 원인으로 시간, 장소에 대한 지남력 저하가 특징적으로 나타나며, 오래전 기억은 비교적 유지되나 최근 기억이 특히 악화되고, 횡설수설하는 양상의 사고장애나 환각, 착각, 비현실감과 같은 지각의 장애가 동반될 수 있다

진찰 17
−환상통(幻想痛, Phantom pain)[*]

1.
뽀로로 걸어가서 아버지의 하얀 새 고무신을 엿과 바꿔 먹은 그 아이, 어리석은 그 아이, 조막만 한 그 아이,

2.
한적한 시골길의 모퉁이를 돌아서면 거기에서 마주치는, 산 아래 길옆 한쪽에 연보랏빛으로 함초롬히 웃고 서 있는 진달래꽃 한 그루, 그래, 너였구나! 너는 아직도 거기에 서 있었구나!

3.
어디 갔나? 내 날개

나는 목숨을 걸었던가?
나는 그 목숨을 버렸던가?

새처럼 날아오르지 못하고
엉망에 빠져버린

진창에서 허우적거리는

아프다, 부러져 아예 없어진 내 날개

　4.
　엄마는 왜 죽나요?
　엄마, 엄마, 엄마는 죽으면 어디로 가나요?

　사진에서는 아직도 웃고 있는데
　태어난 날인 정월 보름달은 해마다 둥글게 정정(亭亭)하게 떠오르는데

　5.
　꿈일까? 허구(虛構)일까?
　이제는 다 낡고 다시 조막만 하게 오그라든 나만 남겨두고,

* 몸의 한 부위나 장기가 물리적으로 없는 상태임에도 있는 것처럼 느끼는 감각을 말한다. 절단 사고를 당한 환자들을 고통스럽게 하는 원인 중 하나다. 절단부 통증과는 다르며, 절단 환자 중 65%가 겪는다고 한다.

진찰 18

50대 초반인 한 사내에게
그 또래의 아주머니가 대여섯 살짜리의 꼬맹이를 데리고 왔다

"인사해라"
"할아버지, 안녕하세요?"

(헉, 할아버지, 라니!)

그 사내에게는 생전 처음 듣는,
그 할아버지, 라는 말은 시위하듯 의기양양하게 살아 날뛰며 그 얼굴을 들이밀었다
그 할아버지, 라는 말은 허공을 날아갔으나 벽에 부딪혀 튕겨져 다시 되돌아왔다
그 할아버지, 라는 말은 절벽에서 아래로 떨어졌으나 바닥에 닿지 못했다

그 할아버지, 라는 말은 억울하지만 결국 치명적인 화살이 되어 그 사내의 급소에 꽂혔다

이래저래 일을 다 보고 그 꼬맹이가 돌아서는 길에,

"할머니, 이제 가요!"
(그래, 맞다, 할아버지, 애들 눈은 정확해!)

할배 하나가 허방 치듯 목이 메어 말을 놓치고 있다

진찰 19
−아파트의 애완견에게 사람들은 시끄럽다고
 성대 제거 수술을 시키기도 한다
 (컹컹, 나쁜 놈들)

 그*는 기어코 그의 성대를 도려냈다

 그의 목소리는 몸 안에 갇혀 있다. 비 오는 날이면 비를 맞으며 구성지게 노래를 부르던 그의 노래와 함께 자꾸 가래가 끓고 목소리가 갈라진다고 투덜대던 그의 잔소리는 이제 아예 세상 밖으로 터져 나오지 못하고 더불어 근엄하던 그의 권위도 지상에서 사라졌다 대신 울음소리조차 으그러진 입술은 어릴 적 뒤뜰 대숲을 가로지르는 등골 서늘한 바람처럼 소리가 안 되는 텅 빈 공명으로만 빈 하늘에 소리 없이 울리고 있었다

 지상에서는 저들끼리만의 평화가 잠시 머물렀다

---

* 그는 후두암으로 후두 및 성대 절제 수술을 하여 발성(發聲)을 못 함.

진찰 20
−전신 마취

숙시닐콜린*

  동굴 속에는 소리도 없었다 부글부글 지하에서 끓어오르던 용암의 열기도 싸늘히 제압당하고 오로지 전지전능 칠흑 같은 어둠, 자궁 속에서처럼 느낄 듯 느낄 듯 바람일까? 블랙홀처럼 조심조심 낮은 포복으로도 맥없이 빨려 들어가 결국 혼절해버리는 저린 사랑일까?

  사물이 희미하게 눈에 들어설 때,
  통증이 한번
  복부를 힘껏 걷어찼다

---

* 전신 마취 시 마취를 유도하기 위해 투여하는 근이완제.

진찰 21
-수술

말은 필요 없었다

무영등(無影燈) 아래, 팽팽한 긴장, 번뜩이는 눈빛, 그리고 그 속에서 오고 가는 손과 손들,

길 속의 길, 끈과 끈, 혹은 그 사이와 그 사이,

새가 한 마리 날아와 쪼고 있다 한 잎의 사랑, 한 잎의 눈물, 한 잎의 그리움, 그리고 또 한 잎의 그리고,

(가끔 그 길을 잃을 때도 있다구요?)

그 길 끝에서

진찰 22
-응급실

가을 하늘처럼 맑고 청명한 시간은 별로 없다

119 사이렌 소리가 급박하게 도착하면,
수액(輸液)이 걸린 채
산소마스크 하고
이동용 침대 카트가 서둘러 들어오면,
긴장한 흰 가운들의 손과 발이 부산해지고
그렇게 쌓인,
커튼으로 가려진 칸칸마다의
그 하루의 오후,

이리저리 엉겨 붙은 그 사연과 사연들

  목으로 넘길 수 없는 것이어도 모든 신경 곤두세우고 무조건 참고 견디고 그 목으로 넘겨야만 하는, 넘겨야만 하는 시간들

  느닷없는 복통(腹痛), 찢기고 부러진 삶과 사고(事故), 멀어진 의식(意識), 산모(産母)의 진통, 급성 심근 경색, 급성 뇌졸중, 두부(頭部) 손상, 심폐소생술, 과다 출혈, 쇼크와 퍼

질러 앉은 도떼기시장, 그 하루의 오후,

  움푹 꺼진 눈, 끓는 열(熱), 떨어지는 혈압(血壓), 머리의 붕대, 아기의 열성 경련, 산소호흡기, 마른 하늘의 날벼락, 깨진 유리 조각들의 파편과 비탄(悲歎)에 빠진 약속과 안도(安堵)와 그 피로, 그 하루의 오후,

  여기에서는,
가을 하늘처럼 맑고 청명하게 빈 시간이, 아무 일도 없는 것 같은 조용하고 빈 시간이 오히려 더 무섭다

진찰 23
-중환자실

  도시 한가운데 중환자실의 천장에는 형광등이 밤새도록 켜져 있는데 세상은 칠흑같이 캄캄하다 그렁대던 가래 소리도 저들끼리 분주한 발소리도 가을 햇살에 흔들리던 한낮 나뭇잎들의 수런거림도 아직 들리는 것 같은데 세상은 고요하다

  어릴 적 뛰어놀던 고향 마을 뒷산일까? 한 줌 바람에 뼛속까지 시리던 육신, 뒤척여 보지만 미동도 없고 이제는 어떤 불편함이나 두려움도 모두 사라졌다 눈물은 메말라 더 이상의 그리움이나 외로움도 없이 온통 캄캄한 어둠 속에서 눈만 껌벅일 뿐이다 혹은 이 우주의 끝일까? 발아래에는 유성이 흐르는 천 길 벼랑 끝, 더 이상 나아 갈 수 없는 그리고 되돌릴 수 없는 정지된 시간의 떨켜*, (고독이 그리움이나 외로움 때문이 아니라는 사실을 새삼 뼈저리게 깨닫는다)

  늦가을 햇살에 잘 마른 잎새 하나, 무중력 속에서 톡! 벼랑 밖 천 길 어둠 속으로 시간 밖으로 간다

---

* 나뭇잎이 낙엽이 되어 떨어지기 전에 줄기 끝 나뭇잎이 떨어질 곳에 얇은 막이 생겨 수분 흡수를 못 하게 한다. 이때 생긴 막을 '떨켜'라고 한다

제2부

진찰 24

기차는 8시에 출발한다고 합니다

지금은 7시 50분,
그는 8시에 출발하는 그 기차 티켓에 매달려 있습니다

어제와 오늘의 행간에서
그 애매한 행간에서

그는 정상이 아니라고 말하네요

조금 다를 수는 있습니다
조금 불편할 수는 있습니다
응급일 수도 있습니다

그냥 놓여 있는 것입니다
다행히 아직은 10분이 남았군요

정상과 비정상의 행간에서

그런데 8시에 출발하는 그 기차는 어디로 가나요?

진찰 25

슬쩍 보여 준다고 하기에
슬쩍 보았습니다

가장 아픈 곳이라고 하기에
다시 보았습니다

가장 깊은 곳이라고 하기에
눈을 부릅뜨고 찬찬히 다시 들여다보았습니다

그런 그를 뒤쫓아가다가
그런 그를 뒤쫓아가다가

그러나, 그는 그의 길을 갑니다

나를 뒤에 남겨 두고
그의 흔적 같은 별빛 번져 가는 별 하나를 밤하늘에 남겨 두고
그는 혼자 낯섦 같은 그의 길을 갑니다

진찰 26
-생명(生命)

집을 나서며 그를 기다린다

바다로 가는 버스 안의 덜컹이는 옅은 잠 속에서 그를 기다린다

스러지고 넘어지며 출렁이는 파도를 바라보며 그와 비슷하다고 생각하며 그를 기다린다

자물쇠처럼 모든 것이 잠긴, 굳게 입 다문 비밀의 먼 수평선을 오랫동안 바라보며 그를 기다린다

돌아와 잠들기 전에도 사무치듯 다시 일어나 그를 기다린다

흐릿하든 무너지든 일어서든
하던 일은 접어놓고
밀어 버려도 밀리지 않는

그를 기다린다

살아 있음의 암호처럼

그 안으로 들어갈 오지 않은, 어쩌면 영원히 오지 않을 그를 기다린다

진찰 27

맹목(盲目)입니다

운명이라는 당신의 말속에는 맹목이 들어 있습니다

도둑처럼 당신의 어지러운 꿈결처럼 예측할 수도 없고 그 어떤 이유와 내용도 알 수 없는

맹목의 옹색한 세계여,

그런 의미가 모인 것이 운명입니다

그러니 울지 마세요

신(神)도 맹목입니다

그러니 웃지 마세요

이 세상에 나온 것도 살아가는 것도 아픈 것도 죽음으로 가는 것도 모두 맹목으로 가는 길입니다

어차피 맹목입니다

당신과 내가 만난 운명도 눈(眼)이 없으니까요

진찰 28
-환자 J씨

그는 왔다가 간다

오고 가고 오고 가고
오고 가고 오고 가고

난 자리로 갔다가 다시 오고 가나?

초봄에는 물이 오르고 가을에는 낙엽이 지는 것처럼
아침에는 해가 뜨고 밤에는 캄캄한 어둠이 오는 것처럼

하품하듯 하품하듯

진부하지만 더 이상 진부하지 않게

('나고 지고 나고 지고'라고 하면 또 어떠리?)

그는 오늘도 왔다가 간다

파도가 왔다가 가는 것처럼 우주가 그렇게 숨 쉬는 것처럼

진찰 29

바램도 바람이었을 것이다

왔다가 슬그머니 가버리는 바램, 그것은 바람이었을 것이다

바램의 무게만큼 바람이었을 것이다

그 바람을 바람, 바람, 바람이라고 자꾸 부르다 보면 바람에는 바램이 들어 있는 것을 눈치챌 것이다

바람처럼
길을 따라오거나 뒤돌아보거나
뛰어오거나 절룩거리며 천천히 걸어오거나
떠밀려 오거나
하염없이 바라보거나 영영 서러워하거나 회오리치기도 하거나
그냥 흔들리거나 그냥 서 있거나
긴 줄로 오래 기다리거나 걱정이 그 빈틈으로 파고들거나
진료실 문을 열고 들어오거나 그 문으로 다시 나가거나
너의 눈빛이거나 나의 눈빛이거나

바램을 바램하거나 바람을 바람하거나

바램도 구체적으로 바람이었을 것이다

진찰 30
-대기실 풍경

　방금 진료를 마친 걸음도 성치 않은 80대 초반의 한 할머니와 비슷한 연배의 진료를 기다리는 또 다른 할머니가 오랜만에 마을 회관에서 만난 것처럼 대기실에서 이야기를 나누시는데요

　의도하지는 않았지만
　살짝 열린 진료실 문틈 사이로 흘러들어 ㅜ오는 풍경과 대화를 우연히 엿보고 엿듣게 되었는데요

　아득한 그 옛날처럼 대기실을 휘감는 두 분의 시간은 메말라 가는데
　아득한 그 옛날처럼 대기실을 휘감는 두 분의 시간은 메말라 가는데

　두 화살이 그 과녁을 턱없이 어긋나는 것처럼

　두 분은 지난날 이야기며 세상 이야기며 전혀 연결이 되지 않는 각자의 서로 다른 말씀만 하시는데도
　두 분은 지난날 이야기며 세상 이야기며 전혀 연결이 되지 않는 각자의 서로 다른 말씀만 하시는데도

두 분은 그것도 서로 알아들으셨는지 마주 보며 하하 호호 고개를 끄덕이기까지 하며
한참 동안 화기애애하게 이야기를 나누시다가

진료를 알리는 다른 할머니의 호명(呼名) 소리에 화들짝 놀라

반갑게 웃으시며 헤어지시데요

진찰 31
-라포(Rapport)*

바람이 되어야 한다

내가 너에게 가려면
네가 나에게 오려면

깊은 산골의 맑은 물이 강물이 되어 흐르는, 유유히 흐르는 강 같은 바람길이 생겨

거울처럼

너에게서 나를 보려면
나에게서 너를 보려면

바람이 되어야 한다

* 사람과 사람 사이에 생기는 상호 신뢰 관계를 말하는, 진료 시 환자와 의사 사이의 관계를 의미하는 심리학적 용어이다.

진찰 32
―항상성(恒常性, Homeostasis)*

겨울 하늘이 호수처럼 깊고 푸르다

시간 뒤에 숨어서 차갑고 싱싱한 겨울바람을 맞으며 구름 한 점 없이 투명한 그 하늘을 넋 놓고 들여다보고 있으면 살아 있음이 문득 아득해져서 고요처럼 시원(始原)처럼 호수 같은 그 겨울 하늘에 그냥 나를 밀어 올려? 아득처럼 그냥 나를 밀어 올려?

바람 소리,

본디 그 본능의 깊고 푸른 항상성을 그 겨울 하늘에 질펀하게 풀어놓고,

---

* 생체가 여러 가지 환경 변화에 대응하여 생명 현상이 제대로 일어날 수 있도록 일정한 상태를 유지하는 성질 또는 그런 현상.

진찰 33
−태아 초음파

꿈틀거리고 있구나

어디서 왔는가?

목마름인가? 황홀인가? 어떤 연기(緣起)인가? 꿈속의 꿈인가? 이 우주는?

어둠 속에서
아주 조그만 불씨가 켜지는 것처럼

세상이 밝아지고 하루가 열리고 바람이 부는 것처럼

하나의 의지(意志)처럼, 아니면 무연히 떠도는 먼지처럼

혹은, 깊고 깊은 그 태초(太初)처럼

네가 있음으로 이 세상은 그려질 것이다

진찰 34

작은 몸짓이라도 괜찮았다

눈 맑은 영아(嬰兒) 그 아가에게
전해질 수 있다면

지금은 찰나,
그 아가와 내가 만난 것도 찰나,

그 아가가 빼에ㅡㅡ, 하고 우는 것도 찰나,
말을 못 해도
서로 주고받는 눈빛은
영원(永遠)처럼
깊은 밤하늘의 어느 별에서 날아온 별빛처럼 흐르는 찰나,

작은 은유라도 괜찮았다

전해질 수 있다면

진찰 35

  허리가 아프니 머리와 발이 멀고 하루를 건너가는 우리의 사랑은 멀었다

  발이 먼 머리를 쫓아갈 때면
  반성하라 반성하라
  먼 그대에게 가까이 가면
  반성하라 반성하라
  통증이 허리를 찔렀다

  오늘은 더 이상 앉아 있지 못하고 맨바닥에 결박된 채 관(棺)으로 누웠다

  멀리 바닷가의 한 무리 겨울 철새들이 오선지의 음표들처럼 높게 혹은 낮게 하품과 함께 가물가물 나른하게 천장을 배회하는 한낮에도 성욕(性慾)이 슬픔처럼 통증처럼 허리에 달라붙었다

진찰 36
-고도 근시*

  좀 더 멀리, 멀리 보고 그래서 이제는 제발 철 좀 들라고 노안(老眼)은 오시는데 그래서 집집마다 액자에는 불혹, 지천명, 그리고 이순도 걸려있는데 나이 들어도 오늘도 어제처럼 하루하루를 살다 보면 의젓하게 폼 잡으며 멀리 볼 겨를도 없이 발아래 개미처럼 자꾸 오그라들어 겨우 코앞만 보고 낑낑거리며 어쩔 수 없이 또 하루를 건너가는데 이제는 코끝에 걸린 안경까지 벗어 버리고 아예 머리를 들이박고 코앞만 정신없이 들여다보며 몰두하는 본새란,

---

* 근시는 안구가 길어서 망막 위에 맺혀야 하는 초점이 망막 앞에 맺힘으로써 먼 곳이 잘 안 보이고 가까운 곳이 잘 보이는 질환을 의미한다. 고도 근시에 노안이 와서 보정된 노안용 안경을 써도 책을 읽거나 하는 등의 아주 가까운 곳을 볼 때는 노안용 안경을 벗어야 잘 보인다.

진찰 37

그녀의 앙가슴에는 깊은 샘 하나 있네

먼저 간 남편이 그녀의 앙가슴에 매달리더니, 임대주택에 같이 살며 말년까지 오랫동안 치매에 걸린 그녀의 친정 엄마와 아버지가 차례로 다시 그녀의 그 앙가슴에 매달리더니, 그녀의 딸 하나마저도 기어이 스스로 엄마인 그녀의 그 앙가슴에 매달리더니, 매달리더니 공황장애로 외출도 제대로 못하는 5, 6세 아래인 지적장애인인 친정 여동생이 70세가 넘은 그녀의 작고 오목한 앙가슴에 아직도 매달려 있네 늙은 오이처럼 늘어져 매달려 있네

그럼, 아프지, 아프고 말고, 그 앙가슴에 매달린 것들은

그러나, 그녀는 그녀의 혼곤한 잠과 앙가슴에 매달린 모든 것을 비껴가는 바람처럼 연두(軟豆)의 풀잎처럼 이슬처럼 걸러내고 걸러내서 그녀의 앙가슴에는 항상 환하고 밝고 맑은 샘물로만 고이게 하네

진찰 38

이것을 수술이라고 해야 하나? 공사(工事)라고 해야 하나?

고령에 노환에
혼자 사시는 그 할머니, 허리도 못 구부리시는 그 할머니,
혼자서는 걷지도 못하시고
어쨌든 오랫동안 고단한 그 할머니,
요양보호사를 앞세우시고 휠체어에 실려 오신 그 할머니,
발톱 무좀으로 괴기스럽게 커다란, 돌덩이처럼 단단하게 부풀어 오른
발톱들을 해결해 달라고 맨발을 부끄럽게 내미신다

발톱 무좀도 그 할머니처럼 오래되면 부끄럽고 고단했을 것이다

약도 이미 소용없고
큰 발톱 깎기로도 어림없고
발톱 줄로도 신통찮고

내가 가진 의료 도구로는 가당찮고
　나는 궁리 끝에
　알코올 같은 소독이나 형식도 필요 없이
　창고 공구통의 그 우악스러운 커다란 공사용 펜치를 들이밀었다

　큰 공사한 것처럼
　그 무좀 발톱들은 깨지고 튀어 부끄럽고 고단한 그 부스러기가 진료실 바닥의 여기저기에 흩어져 어지럽혀져 있고,

　그 발톱 무좀은 다시 계속 부끄럽고 고단하게 자랄 것이다

　그리고, 몇 개월에 한 번씩 오셔서는
　이렇게 발톱 공사를 하시고
　나는 그때마다 혼자 흰 가운에 공사용 펜치를 든 우악스럽고 괴기스러운 공사장 인부(人夫)가 되겠지만
　어기적어기적,
　그 할머니는 그때마다 부끄럽게 실눈을 뜨시고 개운한 듯

고단한 듯, 그리고 민망한 듯 웃으실 테고

진찰 39
―거식증(拒食症, Anorexa nervosa)*

1.
차라리 나무가 되고 싶습니다

지구(地球)는 병들어 가고
사람은 저 살자고 여러 식물과 동물을 마구잡이로 먹이 삼고
사람은 또 사람에게 분노하고
그냥 사람으로 있는다는 것 자체가 얼마나 폭력적인가요?
나는 비무장 비폭력으로 행동하렵니다
사람임을 포기하고
나는 메말라 가고 싶습니다

차라리 나무가 되고 싶습니다

2.
날고 싶습니다

깃털처럼
몸이 가벼워야 될 것 같습니다

얼마나 더
덜어내고 덜어내면
새처럼
뼛속이 비워질까요?
날개가 돋아날까요?

* 거식증은 의학적으로는 '신경성 식욕 부진증'이라고 일컫는다. 이는 식사량을 고의로 제한하여 체중을 감량하려는 섭식장애로, 끊임없이 극단적인 저체중을 추구하고 체중이 현저하게 적은 특성이 있다.

진찰 40
−탈감작요법(脫感作療法, Desensitization therapy)*

나는 스케치북에 세월을 그리네
세월은
처음에는 젊음처럼 슬픔처럼 팔팔하고 날카롭게 날이 서 있다가
세월에 세월을 더할수록
나이에 나이를 더할수록
조금씩 조금씩
느낄 수 없을 만큼 아주 조금씩
세월은
가라앉고 메말라 가네
뭉그러지네 무디어지네
세월의 날이 무디고 무디어져
몽돌처럼 되네
그리고, 어떤 날에는 부서져 부서져
먼지처럼 되네

나는 결국 서산으로 가는 허리가 잔뜩 굽은 백발(白髮)의, 긴 그림자의 무생물(無生物) 하나를, 혹은 먼지 하나를 스케

치북에 그리네

* 어떤 종류의 알레르기성 질환에 대하여, 아나필락시스(Anaphylaxis)가 아닌 경우, 감작시킨 물질(알레르기원)을 극히 소량씩 주사 등의 방법으로 투여하여, 점차 증량하여 과민성을 감소시켜서 치료하는 방법.

진찰 41
−프레콕스감(Praecox feeling)*

코앞에 가깝게 있지만 닿을 수 없는 먼 곳에 떨어져 있는 것 같은, 아주 많이 낯선,

어쩌면 귀신을 본 것 같기도 하고, 혹은 귀신이 아닌데도 눈에서 서늘하고 이상한 광채가 나기도 하는,

안드로메다 은하(銀河) 같은 곳에서 태어나 그곳에서 혼자 오랫동안 머물다가 어느 날 문득 지구로 날아온 것 같은,

한밤중 공동묘지 한가운데에 아무도 없이 혼자 서 있는 어릴 적의 그 기괴하고 으스스한 꿈같은, 순간 전류가 온몸에 감전된 것처럼 오싹 소름이 돋는, 섬뜩한,

그와 나,

우리 모두는 하루하루를 그렇게 살고 있는,

---

* 의사가 조현병 환자를 만났을 때 겪는 직관적인 독특한 기괴감과 곤혹스러움을 의미함. 네덜란드의 정신과 의사 륨케(H.C.Rumke)가 1941년에 제창한 개념으로 한때 조현병의 핵심 증상으로 여겨지기도 했었다.

진찰 42
―작화증(作話症, Confabulation)*

아주 진지한 것 같은데 여느 감정(感情)이란 것은 없어요
냉혈(冷血)이 이런 것이라는 것처럼 차갑고 섬뜩합니다

―감자에싹이나서잎이나서감자감자뽕

40대 중반에 덩치도 산만 한 사내인데
심한 알코올 중독자입니다

―감자에싹이나서잎이나서묵찌묵찌빠

피해망상의 편집증과 조현증도 심합니다

―감자에싹이나서잎이나서가위바위보

어디선가 깡소주를 들이키고는 잔뜩 취한 채 진료실로 들어와서는 몸을 구부려 가까이 오더니 TV에서 나오는 연쇄살인마와 자신이 같다고 눈을 희번득이며 낮고 소름 돋게 위협하기도 하고,

―감자에싹이나서잎이나서싹싹싹

어느 날은 피해망상이 심해 내게 주먹을 휘두르는 등의 난동도 부려, 그때, 출동한 경찰에 붙잡혀 가서 경찰서 유치장에 갇혀 십몇만 원의 범칙금을 물 때에도 그의 엄마는 돈이 없다고 그 범칙금을 내가 대신 내 달라고 내게 와서 부탁하기도 하고,

―감자에싹이나서잎이나서감자감자씨

사람인가? 짐승인가? 귀신인가? 싶다가도,

―감자에싹이나서잎이나서하나빼기일

그의 엄마는 지쳤지만 그래도 피붙이 아들이라고 살뜰히 챙기데요

* 허담증(虛談症), 공화증(空話症) 등으로 불리기도 하며, 근거가 없는 것을 사실처럼 말하는 병적 상태를 말한다. 없었던 일을 마치 있었던 것처럼 확신을 가지고 말하며, 일어났던 일을 위장하거나 왜곡한다. 뇌에 병변이 있거나 심한 알코올 중독 혹은 티아민(비타민 B1) 결핍의 코르사코프 증후군(Korsakoff's syndrome)등에서 나타난다.

진찰 43

나이가 육십이고 칠십이 되더라도 그 안에는 네댓 살쯤 되는 아이 하나가 들어 있다 평소에는 있는 줄도 모르고 지내다가도 어느 날 문득 그 모습을 드러내는 그 아이, 이 세상천지에 외롭게 덩그러니 홀로 내던져 있다가 어떨 때에는 우물가에서 아무것도 모른 채 엉덩이를 내놓고 한가롭게 혼자 물장난까지 치고 있다 자세히 보면 눈망울은 제법 똘망똘망한 것도 같지만 너무나 여리고 어리석고 천진난만해서 그 아이가 앞으로 어떻게 이 세상을 헤쳐 나갈 수 있을까? 라는 생각에까지 다다르자 그 아이가 갑자기 한없이 불쌍하고 안쓰럽게 느껴지기도 한다

칼 구스타프 융은 긴 제 그림자를 끌고 가는 저물 무렵의 어느 산책길에서 깨달았다 똘망똘망한 그 아이의 눈이 점점 깊어지면 깊어질수록 그의 그림자는 점점 더 커지고 길어진다고,

진찰 44

　가을이 되었으니 나도 이제 앓아야겠어요

　내 병을 낫게 해주겠다고요? 천만에요 나는 혼자 앓아야겠어요 세상의 누구도 내 병을 고칠 수가 없어요 내 병은 내가 알아요

　책꽂이의 책들도 모두 앓고 있어요 이 세상에 나온 책들은 아무렇게 뒤엉켜 꽂혀 있는 것 같지만 그 모두는 각자의 길을 가는 것이고 그 길을 가면서 이 가을에 오늘도 그 책들은 제목처럼 적막(寂寞)처럼 깊게 앓고 있어요

　멈출 수가 없어요 어차피 죽음에는 우선멈춤이 없잖아요

진찰 45

너는 모르지?

시계추가 좌우로 흔들려도 항상 본래 그 중심으로 돌아가려고 하는 이유를 너는 모르지?

물동이를 이고 다니면서 그것이 설사 물이 찰랑거려도 절대 흘러넘치지 않게 하려고 발버둥치는 이유를 너는 모르지?

꽃이 피고 지고 다시 봄이 오는 것처럼 버려도 버려도 되살아나는 그 기억들이 오늘도 늦은 밤까지 아득한 별빛으로 번져가는 이유를 너는 모르지?

바람이 불면 속절없이 흔들린다고 하는 너의 애절한 그 표정,

그것은 그냥 번식 때문이라고 쇼펜하우어가 습관처럼 낮게 중얼거리면서 걸어가는 이유를 너는 모르지?

진찰 46

  거의 1년 가까이 암 투병을 하는 그를 방문했다 1개월 만에 다시 보는데 깊은 동굴처럼 움푹 들어간 그의 눈과 전보다 훨씬 더 튀어나온 광대뼈가 그동안의 모든 것을 말해주고 있었다 폭염 탓으로 열어 놓은 창문을 통하여 지리한 한여름 오후의 뜨거운 바람이 울컥--, 들어와 끈적끈적한 더위와 함께 저벅저벅 다가오는 벽시계 초침 소리가 어색하게 엉겨 붙고 있었다 그의 외로움도 엉겨 붙고 있었다 어렵기만 한 침묵 사이로 언어가 되기 이전의 사소한 몸짓들만이 그의 주위에서 몇 차례 긴장한 적이 있었다 십자가에 못 박힌 채 그의 머리맡 벽에 애처롭게 걸려 있는 그분도 땀을 흘리고 계셨다

  나는 그의 손을 잡고 간신히 눈인사만 건넸으나 그는 숨차고 힘들어하는 목소리로, 그러나 간증하는 것처럼 낮지만 단호하게 그분이 계셔서 끄떡없다고 했다

진찰 47

저물 무렵이었습니다 아파트의 무거운 철제 현관문을 열고 들어가니 방 안 한쪽에는 이미 한 무더기 희미한 어둠이 웅크리고 있었습니다 창밖 빈터에서는 가을바람이 때 이르게 나뭇잎들을 이리저리 어지럽게 쓸고 다니지만 방 안에서는 거의 정지 화면처럼 저녁이 스며들 듯 미세하게 어둠을 핥고 있었고 오래전에 돌아가신 남편 할아버지는 구순 할머니의 아들 같은 젊은 모습으로 액자 속에서 이 광경을 물끄러미 내려다보고 있었습니다 그 할아버지가 내려다보는 방 안 한쪽의 희미한 어둠 속에서는 먼 산의 저녁 능선 같은 한 무더기의 질긴 그리움이 등을 보인 채 모로 돌아누워 있는, 곤히 잠들어 있는 그 구순 할머니의 어깨를 가늘게 오르락내리락하고 있었습니다

할배는 잘 있겠지?

진찰 48

    그는 혼자 대기실을 서성이고 있다

  아직 진찰실로 들어오지 않았는데도 문틈 사이로 보이는 그의 얼굴이며 꺼칠한 수염까지도 며칠 새 더 수척해 있었다 암세포가 이미 몸속 구석구석까지 퍼져 더 이상 손쓸 방법이 없다는 것을 모르는 그에게 아직 통증이 그리 심하지 않은 것은 그나마 다행스럽다 오늘따라 더욱더 휑--,하니 눈이 움푹 들어간 그의 잿빛 얼굴이 말없이 그러나 기어코 씰룩 우스꽝스러운 웃음마저 짓는 그 주검 하나는, 조바심도 없이 혼자 병원 대기실을 서성이고 있다

제3부

진찰 49
-노인 1

　지팡이에 매달린 굽은 허리가 서쪽 하늘로 가는 고갯길을 힘겹게 느릿느릿 올라가는

　저무는 하루의

　길게 늘어진 그림자 하나,

진찰 50
-노인 2

  활짝 핀 한 무더기 노오란 개나리꽃 위에 어리둥절 낯설게 흰 빵떡모자로 얹혀 철없고 눈치 없고 더 이상 갈 데 없이 3월 말까지 밀린 춘설(春雪)처럼,

  너였더냐? 나였더냐? 이 완전한 승리자는

진찰 51
-노인 3

메말라 흐릿해지는

갖가지 병(病)들이 찾아와 주인 노릇을 하는

물막이 둑의 꼭대기 근처에까지 물이 차올라서 쉽게 물이 넘쳐나는 것처럼 쉽게 숨이 차고 무슨 일이든지 쉽게 벌어지는

보통의 일도 보통의 일처럼 되지 않는

잎새들이 다 진 벗은 나뭇가지 사이에서 보이는 그 겨울 하늘에 아직 몇몇 얼굴과 풍경(風景)을 붙잡고 있는

그러나, 암호가 저절로 풀린

"다 괜찮다!"

어디론가 반드시 떠나야만 하는 것을 알고 오늘을 기다리는

진찰 52

눈이 내린다 수천수만 개의 눈송이가 내린다

너는 불러도 불러도 아무런 대답도 없더니 오늘은 무슨 일로 네가 돌아가 머물던 그 하늘에서 여기까지 온 천지에 말도 없이 소식도 없이 꿈결처럼 황홀처럼 내리는 수천수만 개의 그 눈송이로 너는 오느냐?

눈이 내린다 수천수만 개의 눈송이로 너는 나에게 오는구나!

진찰 53

하룻밤 사이에 중환자실, 이 병동, 저 병동에서 번개 치듯이 심정지 콜이 왔다
그러는 사이,
(두둥 두둥둥)

날이 하얗게 밝았다
(두둥 두둥둥)

새날이 오긴 오나?

진찰 54
—요양원 1

오래전부터 줄을 서고 있었습니다

옆 사람들처럼 각자의 줄이 얼마나 어떻게 되는지는 알 수 없지만 모두들처럼 그냥 모른 체 하면서 줄을 서고 있었습니다

엊저녁에는 옆방 어느 사람의 줄이 다 됐었다는 말도 있었습니다

누워서 바람에 벗은 몸을 드러내는 12월의 나무를 흠모하였습니다

창밖에는 희끗희끗 몇 개의 눈발이 날리기도 하더니만

날마다 하루하루의 더딘 세월도 그럭저럭 흘러가기도 하더니만

지금은 몸도 마음도 메마르고 삭고 스러져 이제 대부분의 움직임을 없애는 데까지는 성공하였습니다

그 줄에 서서 천천히 아주 천천히 나무를 닮아, 나무를
닮아 아주 오래 묵은 12월의 한 나무가 되어가고 있습니다

진찰 55
-요양원 2

　-어머니, 저 가요

　그날의 봄 햇살이 유난히 눈부시다고 메마르고 온통 백발이 성한 그 할머니는 아무 말도 없이 어른어른 아지랑이처럼 손으로 두 눈을 가리고 있더니 이제는 눈이 부시다고 눈이 부시다고 아예 눈을 질끈 감고 그렇게 한동안 계속 고개만 꾹꾹 눌러 끄떡이고 있었고,

진찰 56
−치매(癡呆, Dementia)[*]

세월에 세월을 더해 그 집을 지었을 텐데

거미줄 같았던 그 집이 허물어진다

허공과 허공을 연결하던
어제와 오늘을 연결하던
너와 나를 연결하던

언제부터인가 촘촘하던 그 집의 내부가 허물어진다

모두 연결이 끊기고 허물어져

진공(眞空)이다

그 집이 아닌 것처럼 낯설고 쑥스럽고 서먹하다

낯설고 쑥스럽고 서먹하다

이제 겉모습마저 흐려진다 문드러져 간다

허물어진다, 허물어진다

세월도 허물어진다

* 퇴행성 뇌질환으로, 알츠하이머병 (Alzheimer's disease)가 가장 흔하며 알츠하이머병은 매우 서서히 발병하여 점진적으로 진행되는 경과를 보이며, 초기에는 주로 최근 일에 대한 기억력에서 문제를 보이다가 진행하면서 언어 기능이나 판단력 등 다른 여러 인지 기능의 이상을 동반하게 되다가 결국에는 모든 일상생활 기능을 상실하게 된다.

진찰 57
-예쁜 치매(癡呆)[*]

되새김하듯 쉴 새 없이 계속 웅얼거리는, 머리카락처럼 하얗게 세고 그 빛이 바래서 틀니 밖으로 새어 나온, 먼 옛날의 기억(記憶)들처럼 알 듯 모를 듯 갑자기 사방으로 두서없이 터져 나온,

말의 꽃잎들,

주름이 깊게 패인 예쁜 눈썹의 낮달,

---

* 인지 기능이 떨어지더라도 감정 조절이 잘 되고 남에게 피해를 주지 않는 치매.

진찰 58

   그 독거(獨居) 할머니는 오랫동안 손수 돌보시던 산세비에리아 화분을 나에게 맡기려 오셨었네

   온몸에 번진 암(癌) 만큼이나 많이 생각하셨었다네

   너무 묵중해서 그 깊이를 무를 수 없었네

   돌고 돌아,

   낯가림 손을 타서인지 한 해가 가고 두 해가 가도 아무런 기척도 없더니 무슨 일인지 오늘은 그 산세비에리아에 조그만 꽃망울들이 맺히기 시작하네

   환하게 들뜬 정갈한 그 할머니가 다시 돌아오시겠네

진찰 59

　먼저 간 할아버지가 신혼 때 사준 꽃신을 잃어버려서, 그 꽃신을 잃어버려서 할아버지가 안 데려간다는 구순 할머니는 한낮인데도 누워 잠들어 있다

　할머니는 꿈속에서 그 꽃신을 찾으러 가셨나?

　서러워라

　집에도 못 가고 요양원에서
　몇 년째 일어나지도 못하고 하루 종일 누워서

　봄볕은 좋은데
　길 떠나기 좋은 날인데
　지금쯤 그 할아버지가 있는 고향 앞산에는 진달래꽃도 피고 종다리들도 잘들 놀고 있을 텐데

　새색시처럼
　하얗게 센 머리는 참빗으로 마냥 정갈하고 곱게 빗어 넘기고

진찰 60
-기도(祈禱)

하늘이시여,

누워서, 꼼짝없이 천년만년(千年萬年) 흐르는 강물처럼 누워서 지나간 소싯적 꿈결 속의 앞산 봄 소쩍새 울음소리까지 아직도 너무나 또렷하니 그것들을 흐리게 하는, 모르게 하는 치매(癡呆)라도 차라리 반갑게 맞이하겠나이다

하늘이시여,

모두 앞뒤 안 가리고 천세만세(千歲萬歲)를 기원하지만 장수(長壽)의 그 목숨이 그렇게 무섭고 서러운 것임을 하나하나 차곡차곡 천천히, 그리고 끔찍이 헤아려 뉘우치라고, 뉘우치라고 오늘도 바깥의 꽃을 쫓아간 저에게 그 꽃의 문을 안 열어 주시나요?

오, 하늘이시여,

내내 겪고 겪은 천개만개(千個萬個) 일들의 질곡과 회오리를 넘어 저주 같은 한여름 밤의 밤새도록 퍼부어대는 장대비와 천둥과 벼락같은 것일지라도 오늘 밤 안에 모두모두 쏟아내시고 내일은, 그 내일은 그 꽃의 문이 열릴 수 있도록 어서 오소서

진찰 61
-혼자서 가네

그저 메말라 가네 당신의 오랜 병상(病床)에 스며든 어둠의 알갱이처럼, 뒤뜰에서 소리 없이 낮게 이는 바람처럼, 시간마저도 길을 잃어버린 얼굴처럼, 놓을 듯 말 듯 희미하고 가늘게 멀어져 가는 숨결처럼, 사물처럼,

잊고 있었던 기억들조차 낡은 베갯잇에 무늬 지어진 幸福이란 글씨 위에 오래된 눈물자국처럼 떡진 채 찌들어 있고, 혹은 메마르고 메말라서 한 줌 먼지가 되어 날아갈 때까지 가벼워지면 이제 이 세상으로 처음 나올 때의 안간힘을 다해 빠져나왔던 그 좁은 구멍* 속으로, 그 좁은 구멍 속으로 당신은 다시 들어가네

그 좁은 구멍 속의 칠흑 같은 어둠, 그리고 무중력(無重力)!

마침내 형식도 내용도 소리도 없이 먼지처럼 둥둥 떠다니는 바짝 마른 당신의 웃음을 보여다오

---

* 톨스토이의 소설 『이반 일리치의 죽음』에서도 '구멍'을 묘사한 바 있음.

진찰 62

여기가 어딘가?
생(生)은 아직 매달려있는 것인가?

며칠을 잠 속에 빠졌었던 것 같은데
어둠은 물러가고
봄 산은 봄바람에 그 속살을 슬쩍 내보이고
얼마나 지나갔었는가?

이제는 가야겠습니다
아직도 끈을 놓지 못하고 곁에서 지켜보는 눈망울들, 창 너머 하늘의 구름, 그 눈부신 햇살,

대신 연두(軟豆)의 봄을 드리겠습니다

진찰 63

밤이 깊어질수록 어둠 속의 달빛은 고요처럼 비밀스럽게 발소리까지 죽이고 까치발로 저 멀리 더듬어 갈 듯 사그라지듯 천천히, 아주 천천히 멀어져 가고 죽음의 그 어둠은 시나브로 마지막 문장(文章)처럼 비어있는 것처럼 바깥에 가닿은 것처럼 그 경계를 허물고 단순하지만 들숨과 날숨을 모두 닫고 고독하게 서 있는,

정야(靜夜),

진찰 64
−죽음에게 1

그 환부(患部)를 보여 다오
음지에서
보일 듯 보이지 않는 그 자각을 보여 다오
언제나
없는 듯 있는,
그러나 터진 물거품 같은,
어둠 속에서
달그림자처럼 서서 잠든,
스스로 허물어지는 그 허구(虛構)를 보여 다오

진찰 65
―죽음에게 2

1.
용케도 여기까지 왔지

나는 오랫동안 기대했지
네 앞에서 나를 뒤돌아볼 수 있기를, 마지막 그 순간을,

삐뚤빼뚤하더군
그래도 하모, 하모, 꿈만 같더군

2.
나는 항상 네 곁에 있었지

나는 너의 그림자 같은 것이지
마침내 끝에 가닿은 너를 기다리는, 아니면 네가 나에게 들어오는,

캄캄한 어둠이 아닌 어떤 환한 빛 같은 것일지도 몰라
그래도 하모, 하모, 또 꿈같은 것일지도 몰라

진찰 66

당신은 표정도 메마르고 숨결도 가늘어지네

눈도 코도 입도 평범해지네

재처럼

하얗게 식고 삭어 가네

그리고, 가네

이제 우리는 모든 손을 내려놓고 마지막 당신이 혼자 가는 그 길을 도드라지게 하네

밤하늘에 아롱아롱 은하(銀河)가 흐르네

진찰 67
―검시(檢屍, Postmortem Examination)*

내 너를 보았을 때,
너는 모든 손을 놓아버리고 있었고

대숲에 바람 흐르는 소리
깊고 깊은 저 아래에 물 흐르는 소리

그 바람에 앉아 있는 새가 되었을까?
 같이 흐르지 못하고 그냥 그 물 위에 떠 있는 가랑잎이 되었을까?

그 바깥의,

산에 산에 너를 부르는 소리
강에 강에 너를 부르는 소리

---

* 사람의 사망의 원인을 판단하기 위하여 수사기관이나 의사가 부검(Autopsy)처럼 해부를 안 하고 시신의 외부를 조사하는 것이다.

진찰 68
-수의(壽衣) 입는 날

얼굴과 몸도 정갈하게 씻고
머리도 감고

한 겹,
두 겹,
세 겹,

날개옷 입고

참빗으로 단아하게 머리를 고르고

마지막으로 두건(頭巾)으로 깊게 눈과 코도 가리고
입마저도 가리고

곱게

날아, 꽃길을 넘어
날아, 은하수를 넘어

해 설

삶의 대상물에 대한 진찰診察을 찰기札記하며

김부회(시인, 문학평론가)

가. 들어가며

시를 쓰면서 가장 중요하게 생각한 것들이 차츰 변화하는 것을 느낀다. 처음 글을 배우고 쓸 때는 삶에 대한 관조보다는 문장의 구성이나 아포리즘 등에 방점을 두거나, 시적 질감을 염두에 두고 글을 써나갔던 것 같다. 하지만 세월이 지나고 나이가 들고, 삶의 방식들이 주관이 아닌 객관적인 것에 더 주목해서 보게 되다 보니 그 객관이라는 것이 얼마나 어려운 일인지 알게 되는 것 같다. 객관은 중립도 아니고 그렇다고 극단의 좌우 진영논리도 아닌 나만의 시선을 이야기하는 것이라는 생각이 든다. 우리가 글을 쓰고 시를 쓰는 이유는 사람마다 다르고 방향이나 목적성이 다르겠지만 궁극의 목적은 지나온 삶을 기록하고 그 기록된 삶의 시간에 대해 각자의 성찰이 더해져 처방전을 내리게 되고, 그 처방전이 종으로 가면 미지의 것에서 오는 병리학적 현상에 대한 준비되는 것은 아닌지 생각하게 된다. 내 삶에 대한 깊은 성찰의 반성과 그것에 대한 나의 고백들이 결국 누군가 내 시집을 읽는 사람들에게 감정, 혹은 느낌이 전이가 되어 하나의 소통이 되고 하나의 울림이 되어 세상을 좀 더 온유하게 바꿀 수 있는 작은 동기부여라도 된다면 정말 다행한 일일 것이다. 모든 글이 다 그런 목적성을 갖고 있다고 할 수 없지만, 자의든 타의든 글은 독자라는 개념과 수없이 많은 주관, 객관의 질문을 주고받게 되는 출판물이라는 점에서 어쩔 수 없는 사회적인 의무 혹은 책임을 동반하게 되는 것이다. 그런 면에서 작품을 쓸 때마다 한 편 한 편, 단어 하나에도 신경을 쓰게 되며 긴장할 수밖에 없는 것이다. 이른바 선한 영향력을 행사하기 위해서 시 한 편의 무게는 충분히 무거워야 할 가치가 있는 것이다.

시는 일종의 자기 언어로 해석한 물상에 대한 재해석이라고 볼 수 있다. 누구나 살아온 풍습이나 관념이나 관습이 다르고 배움의 종류와 크기도 다르고, 관계와 관계가 만들어지고 형성되는 인연의 고리가 다를 것이다. 그런 다양함이 세상을 만들기도 하지만, 세상이라는 세계관에 세상이라는 이름을 명명하기도 하는 것이다. 필자가 늘 강조하는 것은 풍경을 보고 풍경에서 멈추는 것이 아니라 배경을 보아야 한다는 것이다. 풍경이 그곳에 존재하는 이유는 모두가 다른 배경을 갖고 있기 때문이다. 바람에 밀려 싹이 날아와 자리 잡은 것일 수도 있고, 누군가 식재한 나무가 자라 숲이 된 것일 수 있고, 천년의 바위가 구르고 굴러 그곳에 자리잡을 수도 있을 것이다. 모든 풍경을 구성하기 위한 이유가 저마다 다르기 때문에 시인은 자기만의 언어로 풍경의 배경을 재해석해야 한다. 존재의 근원에는 이유가 있기 때문이다.

 시에서 가장 중요하게 생각하는 것이 몇 있다. 그중 높은 자리에 있는 것 중의 하나가 묘사다. 어떤 대상이나 사물, 현상 따위를 언어로 서술하거나 그림을 그려서 표현한다는 단어가 묘사라고 국어사전에 나온다. 하지만 국어사전의 몇 마디 말로 묘사를 전부 표현할 수는 없을 것이다. 묘사의 범주에는 생명, 습관, 행동양식, 사는 방법, 살아가는 방법, 등등의 모든 것들이 묘사의 대상이 될 것이며, 묘사라는 복제를 통해 언어로 변형된 작품들은 고유의 시선을 갖고 있다. 하나의 현상에 대하여 많은 사람이 같은 시선으로 보고, 같은 감각으로 느끼고, 같은 모습으로 각인할 수 있지만 좀 더 다른 시각으로 보면 다른 것들이 보일 것이다. 마치 피카소의 그림처럼 눈 옆에 귀가 있을 수 있으며, 입 옆에 팔이 있을 수 있는 것과 같은 맥락이다. 고흐의 색감과 질감은 기존 화가의 작품들과 많이 다르다는 평을 받는다. 다시 생각해 보면 고흐의 질감이 달라질 수밖에 없는 이유를 알게 될 것이다. 감수성의 깊이와 해석의 시선이 다른 것이다. 노란 태양이 아닌, 검은 태양이 존재하는 것도, 푸른 바다가 아닌 붉은 바다가 펼쳐지는 것도 모두 화자의 상상력의 결과이며 화자가 체득한 삶의 어떤 실루엣이 뒤늦게 뇌에서 튀어나와 언술로 표현되는 것이다.

주영만 시인의 시집『진찰(診察)』원고를 받고 여러 번 작품 감상을 하였다. 과연 시인이 말하고자 하는 것이 무엇이며 시인의 시 세계는 어떤 영감(inspiration)을 기초로 하여 작품을 엮었는지 천천히 읽다 느낀 점이 바로 묘사라는 것이다. 주지하다시피 주영만 시인은 내과 의사다. 사람의 장기를 들여다보며 아픔의 정도를 파악하고 치료하고 처방전을 내리는 것이다. 좀 더 생각하면 사람의 내면을 보고 치료하는 직업이라고 할 수 있을 것이다. 진찰이라고 하는 행위를 통해 병의 발병 원인을 찾아내는 것이 바로 시적인 묘사라고 보면 맞을 것이다. 물론 외과적이거나 내과적인 부분도 있겠지만 병증은 정신적인 부분도 많은 경우를 차지할 것이다. 의사 입장에서 환자를 대하다 보면 무수하게 많은 임상의 조건들을 고려해야 하고 임상에서 얻어진 결과물을 다른 환자에게 대입해 새로운 치료를 하거나 예방하는 것. 그것이 시를 진찰診察하고 찰기札記하는 방법이다. 일종의 처방전이라고 하면 맞을 것이다. 주영만 시인만의 진찰실을 들여다보는 것만으로도 이 시집은 충분한 가치가 있을 것이다.

    한 사내는 다른 사내에게 다가가서 가볍지는 않지만 가벼운 것처럼 그 사내의 그늘진 하루를 어루만지고 쓰다듬고 또 눌러 보고 두드려 보더니, 그리하여 이젠 귀를 기울여 귀를 기울여 더 이상 오지 않을 것 같은 그 사내의 가슴속을, 마음속의 그 먼바다 파도 소리를 기웃거리더니
―「진찰 1」 부분

    장기가 아닌, 내부가 아닌 사내가 가슴속에 간직한 먼바다의 파도 소리를 기웃거리는 의사의 표정을 볼 수 있다. 주영만 시인의 보는 것은 한 방향의 편협이 아닌, 모든 방향의 겹눈으로 객관성을 바탕에 두고 사람을 진찰하는 것을 알 수 있다. 청진기 너머에서 들려오는 소리는 심장 박동과 내부 장기의 소리라는 풍경이지만 더 귀 기울이면 사내의 먼바다 파도 소리가 들릴 것이며 시인이 주목하는 것은 병렬적 사고의 추상화된 처방전이라고 볼 수 있을 것이다. 이러한 점은 앞으로 이 시집의 전개 과정에서 가장 중요한 핵심이라고 생각한다.

    『진찰(診察)』이라는 이름의 시집이 추구하는 바, 시집을 출간하는 시인이 진찰 과정에서 본 진찰실의 사람들과, 환자, 그리고 사내와 사내가 연결하는 인과의 고리를 생각해 보는 것도 이번 시집을 읽는 즐거움 중의 하나일 것이다.

그저 스쳐 지나가는 일상이 아닌, 진찰이라는 특수한 공간, 환경, 환자와 의사라는 다소 상대적인 둘의 존재가 만들어 내는 삶의 이야기들이 시적 모티브(motive)에 어떻게 작용하며 언술로 표현되는지에 대한 일상적이지 않은 호기심이 동하는 것도 사실이다. 시는 어디에서든 생성될 수 있는 문학 작품이다. 인류의 탄생과 함께 시작해 온 것이 문학(시)이라고 할 수 있을 것이다.

과연 의사의 입장에서, 진찰실의 또 다른 이방인의 입장에서, 청진기 너머 들려오는 어떤 소리에 시인이 주목하고 있는지, 소리의 결과값에서 어떤 처방을 생각하고 내리는지 주목해서 읽다 보면 삶의 몇 페이지쯤은 쉽게 터득할 것 같다는 생각도 든다. 이제 본격적으로 진찰 시집의 내용을 보며, '시인의 말' 속에 숨은 겸손의 고백을 엿보며 차곡차곡 시인의 삶의 깊이를 같이 공유해 본다.

　의사라는데, 시인이라는데, 그 한 가지라도 너무 버겁고 두려웠는데,

　그동안 발만 담가놓고 숨었던 것, 도망가서 숨으려고만 했었던 것은 아니었나?

나. 들여다보기

식도를 지나 가까이,
위와 십이지장 안에서 다시 가까이 가까이,

재운 잠 깨나 한번 살펴보고

불 밝히고
우주선으로 별자리 찾아가듯

부드러운 굴곡과
밝은 굴곡과

그 길의 직유와 은유와
잊자는 말과 잊지 말자는 말과

마음속의 마음은?

지구가 제 무게로 스스로 회전하는 것처럼
혹은 곡마단의 그네처럼
다시 위에서 세상을 한 바퀴 거꾸로 돌려 그 천장에 가
까이,

비밀의 문과
한 줄기 섬광과

가까이 더 가까이

우주를 지나 새로운 우주,
그나저나 그 길은 죽음으로 가는 길이지?
—「진찰 5 –위내시경」 전문

위내시경을 하는 것을 문학적 관점에서 치밀하게 잘 표현한 것 같다. "불 밝히고/ 우주선으로 별자리 찾아가듯"이라는 행간에서 의학적인 부분이 문학적인 부분과 어떻게 승화되고 발전하는지 잘 보여주고 있다. 위내시경을 하는 카메라가 지나가는 그 굴곡을 보며 잘못된 점과 좋은 점을 구별해 내는 의사의 눈길과 시인의 눈길은 별반 다를 것이 없다. 인생이라는, 삶이라는 측면에서 볼 때, 그것을 관조하는 관찰자의 시점과 질감은 단어 하나하나를 선택하고 채집하는 섬세한 문인의 자세를 볼 수 있다. 물론 문학을 떠나 환자를 대하는, 환자의 내밀한 이야기들을 병의 원인으로 고려해 볼 수 있다는 전향적인 시선 역시 작품 속에 잘 나타나 있다. "지구가 제 무게로 스스로 회전하는 것처럼/ 혹은 곡마단의 그네처럼/ 다시 위에서 세상을 한 바퀴 거꾸로 돌려 그 천장에 가까이,"에서 천장이라는 것에 주목해서 읽어본다. 천장은 도달하려고 하는 목표이며 가야 할 곳이며 누구나 갈 곳이라는 높은 곳이다. 천장에 가까이 간다는 것은 죽음에 가까울 것이며 반대로 삶에 더 가까운 곳이라는 심증이 든다. 주영만 시인이 말하고자 하는 것이 바로 이 지점이라는 생각이 든다.

  삶에서 우리는 많은 천장을 갖고 산다. 하지만 그 천장이 바닥이 될 수도 있다는 것을 간과하기 쉽다. 시인이 바라본 지점이 그것이며 말하고 싶은 것이 그것이라는 생각을 해 본다. 많은 환자를 대하면서 궁극의 치료 방법은 결국 환자 자신이 아닐까 싶은 결론을 도출해 본다. "지구가 제 무게로 회전하는 것처럼"이라는 말은 대단히 많은 부분은 시사한다. 지구라는 말을 운명이라는 말로 치환해 본다. 회전이라는 단어를 섭리하는 말로 치환해 본다. '운명은 제 무게로 스스로 섭리를 만들어내는 것처럼'이라는 행간이 만들어진다. 치유의 능력이 문제가 아니라 스스로 치유하고자 하는 의지가 중요한 것은 아닐지? 작품에서 시인이 시사하는 논점이 대단히 심리철학적이다. 이런 부분은 「진찰 6」에서도 잘 나타나 있다.

    금연,
    약속을 어기고 담배를 물었다

  약속을 어긴 그는 죽었다 훌훌히 강변을 거닐던 그는 죽었다 노을 사이로 지난가을이 흐르고 깊게 이 겨울을 신음하는 보들레르, 도처에 쌓이는 잔기침, 강물 위로 몇 개의 나무가 쓰러지고 그리고 바람이 분다 이 겨울을 감당하는 허허로운 웃음이다 동굴이 하나둘 문(門)을 열고 뭉글뭉글 피어오르는 하늘의 구름들, 오, 확실한 죽음

―「진찰 6」 전문

"약속을 어기고"라는 것이 중요하다. 누구와의 약속? 의사? 자신? 결국 선택의 몫과 책임의 넓은 같다는 말이며 이는 스스로 치유하고자 하는 노력이라는 언급과 같은 형태를 갖는다. 역시 천장과 바닥에 대한 개념이 짙게 사유의 전반을 흐르고 있다.

    어제는 한줄기 바람이 먼 저쪽의 소식이라며 하루의 습기를 걷어가고 정수리 부분이 잠시 맑아지게도 하고 그것은 또 하나의 운율(韻律)이란 것을 깨달았다고 했지만, 그것은 어차피 바람에 덧없이 흩날리는 나뭇잎 같다라고도 했지만, 애써 그렇게 말하는 동안 입 근처에서는 마른버짐이 피었다가 스러지는 것 같더니 잊고 있었던 일이 생각난 것처럼 갑자기 진료실 의자에서 일어섬과 동시에 능숙하게 하얀색 4단 지팡이를 다시 이어 곧추세우고는 어둠의 저편으로 어둠의 길을 따라 총총거리며 되돌아갔습니다
―「진찰 7 ―맹인(盲人)」부분

하얀색 4단 지팡이를 이어 곧추세우고 어둠의 길을 따라 총총거리며 되돌아가는 맹인의 뒷모습을 생각해 본다. 비록 하나의 운율이라는 것을 깨달았다고 하지만 결국 원점은 늘 컴컴한 어둠의 길이다. 평생 벗어날 수 없는 굴레와 속박을 잠시 천장이라 생각할 수 있지만 결국 종점은 총총

거리며 돌아가야 할 골목의 끝이다. "능숙하게"라는 단어가 모든 것을 짐작하게 만든다. 시인이 풍경을 보는 시점이 어느 관점이며 초점인지 시인이 사용하는 단어의 습관에서 미루어 짐작할 수 있다.

하지만 그런 시인의 관점에서도 냉철한 해학은 살아 있다. 아마도 그것이 문장이라는 결과물에 대한 엄숙성을 더 유지하는 수단이라는 것을 몸으로 체득한 것 같다. 냉정한 인본이라는 말이 대체될 수 있을지 모르겠지만 「진찰 12」에서 느낀 감정을 해학의 깊이가 촌철의 깊이와 비례한다는 것을 깨닫는다.

여든아홉 마른 풀처럼 희뿌연 할아버지가 잔뜩 굽은 허리로 지팡이 하나에 온몸이 얹힌 채 겨우겨우 진찰실에 들어오셨다

성성하게 치아는 거의 빠지고 귀마저 아득히 어두운데 해소 때문에 아주 힘겹게 몰아쉬는 할아버지의 바스락 메말라버린 가슴에 청진기를 들이대며 숨이 많이 차느냐고 있는 힘을 다해 큰소리로 여쭤보니 대뜸 간절한 눈빛으로,

—난 요즘 자지가 안 서

—「진찰 12」 전문

어쩌면 '시라는 것이 이런 것이다.'라고 말하는 듯하다.

삶의 변곡점이 모두 지나버린 그 시점에서조차 본능이 살아 있다는 것은 축복이지만 불행이다. 주영만 시인이 말하고 싶은 것이 그것이다. 축복의 사용법, 불행의 조절법. 청진기 너머 들리는 결구가 오래 기억에 남을 듯하다.

    숙시닐콜린,

  동굴 속에는 소리도 없었다 부글부글 지하에서 끓어오르던 용암의 열기도 싸늘히 제압당하고 오로지 전지전능 칠흑 같은 어둠, 자궁 속에서처럼 느낄 듯 느낄 듯 바람일까? 블랙홀처럼 조심조심 낮은 포복으로도 맥없이 빨려 들어가 결국 혼절해버리는 저린 사랑일까?

    사물이 희미하게 눈에 들어설 때,
    통증이 한번
    복부를 힘껏 걸어찼다
                      —「진찰 20 –전신마취」 전문

전신 마취를 혼절해버리는 저린 사랑으로 비유한 것이 재밌게 읽힌다. "사물이 희미하게 눈에 들어설 때,/ 통증이 한번/ 복부를 힘껏 걸어찼다." 의료용 전신 마취제와 혼절해버리는 사랑은 어떤 화학적 작용을 하는 것인지 잘 모른다. 하지만 의료인의 눈으로 보는 사랑의 의미는 전신 마취와 비견될 정도로 깊은 의식의 혼절을 갖는다고 생각하는 것을 알았다. 이 작품은 상당히 매력적이며 독자에게 새로운 사유의 힘을 가져다주는 역할을 한다. 또 한 번의 변주 역시 작품의 중심을 잘 살리는 촉매제의 역할을 한다.

    사물이 희미하게 눈에 들어설 때,
    통증이 한번
    복부를 힘껏 걷어찼다

한 번 더 인용한 행간의 이런 비충돌적 언어의 희화화는 비교적 짧은 작품에도 불구하고 긴 생명력을 갖게 만든다. 현대시가 추앙하는 것이 이런 점들이다. 너무 들뜨거나 너무 난해하거나 너무 문장주의적인 것이 아니라 적당한 선에서 독자와의 타협을 통한 자기 언어의 설득력을 갖기 위한 시인의 노력이 엿보인다 변주된 작품에서 또 다른 인격의 글을 읽는 느낌이 든다.

    이것을 수술이라고 해야 하나? 공사(工事)라고 해야 하나?

    고령에 노환에
    혼자 사시는 그 할머니, 허리도 못 구부리시는 그 할머니,
    혼자서는 걷지도 못하시고
    어쨌든 오랫동안 고단한 그 할머니,

요양보호사를 앞세우시고 휠체어에 실려 오신 그 할머니,
발톱 무좀으로 괴기스럽게 커다란, 돌덩이처럼 단단하게 부풀어 오른
발톱들을 해결해 달라고 맨발을 부끄럽게 내미신다

발톱 무좀도 그 할머니처럼 오래되면 부끄럽고 고단했을 것이다

약도 이미 소용없고
큰 발톱 깎기로도 어림없고
발톱 줄로도 신통찮고
내가 가진 의료 도구로는 가당찮고
나는 궁리 끝에
알코올 같은 소독이나 형식도 필요 없이
창고 공구통의 그 우악스러운 커다란 공사용 펜치를 들이밀었다

큰 공사한 것처럼
그 무좀 발톱들은 깨지고 튀어 부끄럽고 고단한 그 부스러기가 진료실 바닥의 여기저기에 흩어져 어지럽혀져 있고,

그 발톱 무좀은 다시 계속 부끄럽고 고단하게 자랄 것이다

그리고, 몇 개월에 한 번씩 오셔서는

이렇게 발톱 공사를 하시고

나는 그때마다 혼자 흰 가운에 공사용 펜치를 든 우악스럽고 괴기스러운 공사장 인부(人夫)가 되겠지만

어기적어기적,

그 할머니는 그때마다 부끄럽게 실눈을 뜨시고 개운한 듯 고단한 듯, 그리고 민망한 듯 웃으실 테고

—「진찰 38」 전문

이전에 소개한 작품과는 다소 결이 다른 작품이다. 발톱 무좀으로 고생하는 할머니를 치료하는 과정과 할머니의 심정, 상황에 빗댄 의사의 진정성 있는 마음이 잘 표현된 작품이다. "발톱 무좀도 그 할머니처럼 오래되면 부끄럽고 고단했을 것이다/ (중략) / 창고 공구통의 그 우악스러운 커다란 공사용 펜치를 들이밀었다"라는 행간에서 우악스러운 의사가 보이는지? 아니면 최선의 방법을 찾는 의사가 보이는지? 묻고 싶다. 그 우악한 방법으로 치료한 할머니의 웃음과 몇 달 후 다시 민망한 듯 찾아오실 할머니의 발톱. 사람과 사람 사이 온기의 상관관계는 대단히 뜨거울 것이다. 막연하게 의사에게 갖고 있던 내가 만든 차별을 깨트리는 좋은 작품이다. 이 작품의 끄트머리에 주영만 시인의 엄숙한 웃음이 배어 있는 공사용 펜치의 투박함이 보일 것이며 그것은 아주 오랜 옛날, 이가 듬성듬성 빠진 할머니, 할아버

지의 그윽한 표정을 생각나게 할 것이다. 시인은 그런 풍경의 배경을 읽고 시로 쓸 줄 아는 사람이다.

　오래전부터 줄을 서고 있었습니다

　옆 사람들처럼 각자의 줄이 얼마나 어떻게 되는지는 알 수 없지만 모두들처럼 그냥 모른 체 하면서 줄을 서고 있었습니다

　엊저녁에는 옆방 어느 사람의 줄이 다 됐었다는 말도 있었습니다

　누워서 바람에 벗은 몸을 드러내는 12월의 나무를 흠모하였습니다

　창밖에는 희끗희끗 몇 개의 눈발이 날리기도 하더니만

　날마다 하루하루의 더딘 세월도 그럭저럭 흘러가기도 하더니만

　지금은 몸도 마음도 메마르고 삭고 스러져 이제 대부분의 움직임을 없애는 데까지는 성공하였습니다

　그 줄에 서서 천천히 아주 천천히 나무를 닮아, 나무를

닮아 아주 오래 묵은 12월의 한 나무가 되어가고 있습니다
—「진찰 54 −요양원 1」 전문

    요양원에 갈 나이가 되어가는지 주변 이웃이나 가족들의 요양원 입소 소식이 하나둘 들려온다. 때가 되면 부고장과 요양원 알림 문자가 늘어난다는데, 돌은 커녕 결혼식 소식조차 먼 옛날이야기가 된 지금, 어쩌면 필자도 줄을 서고 있다는 생각이 든다. 인도의 갠지스 강변에는 죽음을 기다리는 사람들이 모여 산다고 한다. 요양원도 아니고 요양병원도 아니고, 다만, 며칠 후 있을 죽음을 기다리는 사람들의 집. 그곳엔 암울한 분위기만 가득할까? 그곳엔 모든 것을 내려놓은 허깨비들만 가득할까? 아니다. 다큐를 통해 본 그들의 삶은 살아온 대다수의 나날과 별다르지 않다. 종착역에 도착하기 조금 전 부산하게 짐을 챙기는 사람만 없을 뿐, 먼저 내리고자 하는 혼잡함만 없을 뿐, 자신의 차례를 기다리는 사람들만 조용하게 순서를 기다리고 있다.
    누구의 줄이 다 되었든, 누구의 줄이 먼저 끊어진들, 세월은 그저 흘러가는 것이며 계절은 나와 관계없이 왔다 가는 것이며, 주영만 시인의 말처럼 아주 천천히 나무를 닮아가는 것이다. 아주 오래 묵은 한 그루 나무가 되어 마른 잎을 제 몸에서 떨구는 것이다. 요양원은 요양하는 곳이 아니라는 것을 누구나 안다. 중요한 것은 요양원이라는 단어가 아니라 요양원이라는 곳에서 내가 무엇을 해야 하는지에 대한 자각이다. 줄 서는 법을 잊지 말아야 한다. 새치기하면

고마운 줄이지만 새치기가 필요 없는 줄이 내 앞에서 점점 줄어들고 있다. 주영만 시인이 말하고 싶은 것이 이것이라는 생각을 해 본다. 제 무게로 회전하고 있는 지구. 그 안에 펼쳐진 섭리의 세계는 의학적으로도 정신적으로도 치유할 방법이 없다. 다만, 순응하고 인정하고 승복하고 내 안에서 내가 받아들일 때 비로소 치유의 완성이 아닐까?

  필자가 읽은 주영만 시인의 『진찰(診察)』이라는 시집에서 느낀 것은 삶의 단면이 아닌 다면이다. 어느 한 층의 잘라진 왜곡이 아니라 모든 면을 총괄하는 삶의 필연적인 원리다. 시는 관조를 바탕으로 성찰을 꾸미는 행위이다. 이른바 서평에서 문학의 가치, 깊이, 무게를 따지는 것은 무가치한 일이다. 중요한 것은 시인이 말하고자 하는 것을 정확하게 독자에게 전달할 수 있는 신호체계를 만드는 일이다. 주영만 네 번째 시집, 『진찰(診察)』이 그런 시집이다. 진찰실에서 벌어지는 다양한 현상에 대한 관찰자적 시점과 '진찰'이라는 시각의 두 가지 관점에서 출발하여 인본적인 감수성으로 매듭짓는 것이 이 작품집의 특징인 것이다.

다. 맺으며

시는 지극히 주관적이면서 동시에 지극히 객관적이다. 시는 글자로 표현된 문학이면서도 감정이 묻어 나오는 베와 같다. 시는 규정과 운율과 구성과 방식을 가르고 나누면서도 전혀 나누지 않는 독특한 방식을 택하고 있다. 중요한 것은 시인의 눈이다. 무엇을 보는지, 무엇을 보려 애쓰는지, 무엇을 보고 무엇이라 말하는지, 글의 온도는 어떠한지, 그것이 삶의 방향성에 대한 이정표가 될 수 있는지, 그 모든 방법과 해설과 질문과 답에 대한 것은 독자의 몫이다. 시인은 자신이 본 것을 자신의 눈으로 제시할 뿐이다. 주영만의 시는 명쾌하지만 그 온도가 매우 뜨겁다. 아마, 시인 자신의 숨결이 그렇게 따듯할 것이다. 이 『진찰(診察)』이라는 시집에서 삶의 온도가 뜨거워지길 바란다. 마지막으로 시 두 편을 인용하며 서평을 맺는다.

되새김하듯 쉴 새 없이 계속 웅얼거리는, 머리카락처럼 하얗게 세고 그 빛이 바래서 틈니 밖으로 새어 나온, 먼 옛날의 기억(記憶)들처럼 알 듯 모를 듯 갑자기 사방으로 두서없이 터져 나온,

말의 꽃잎들,

주름이 깊게 패인 예쁜 눈썹의 낮달,
—「진찰 57 –예쁜 치매(癡呆)」 전문

그저 메말라 가네 당신의 오랜 병상(病床)에 스며든 어둠의 알갱이처럼, 뒤뜰에서 소리 없이 낮게 이는 바람처럼, 시간마저도 길을 잃어버린 얼굴처럼, 놓을 듯 말 듯 희미하

고 가늘게 멀어져 가는 숨결처럼, 사물처럼,

잊고 있었던 기억들조차 낡은 베갯잇에 무늬 지어진 幸福이란 글씨 위에 오래된 눈물자국처럼 떡진 채 찌들어 있고, 혹은 메마르고 메말라서 한 줌 먼지가 되어 날아갈 때까지 가벼워지면 이제 이 세상으로 처음 나올 때의 안간힘을 다해 빠져나왔던 그 좁은 구멍 속으로, 그 좁은 구멍 속으로 당신은 다시 들어가네

그 좁은 구멍 속의 칠흑 같은 어둠, 그리고 무중력(無重力)!

마침내 형식도 내용도 소리도 없이 먼지처럼 둥둥 떠다니는 바짝 마른 당신의 웃음을 보여다오
―「진찰 61 －혼자서 가네」 전문